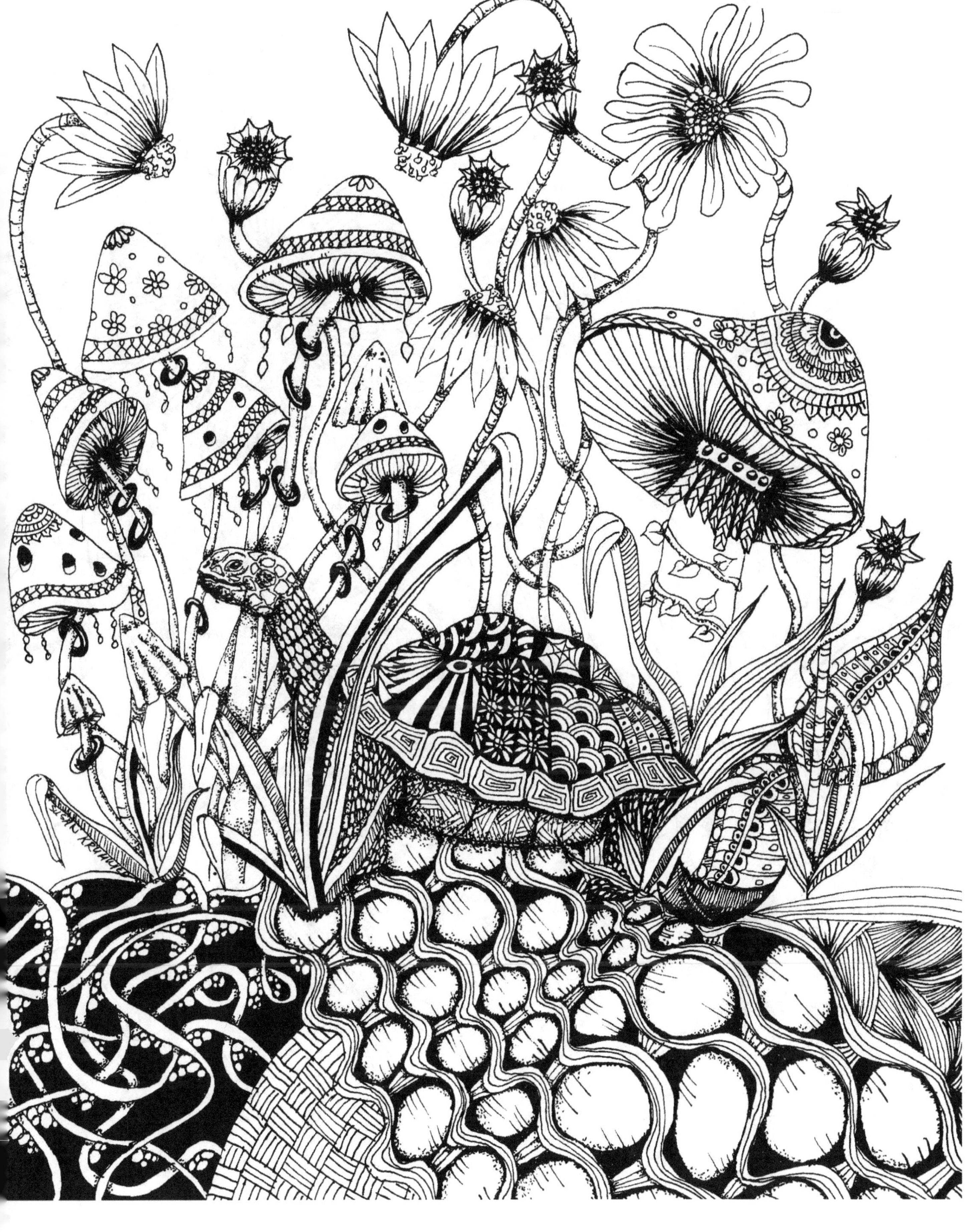

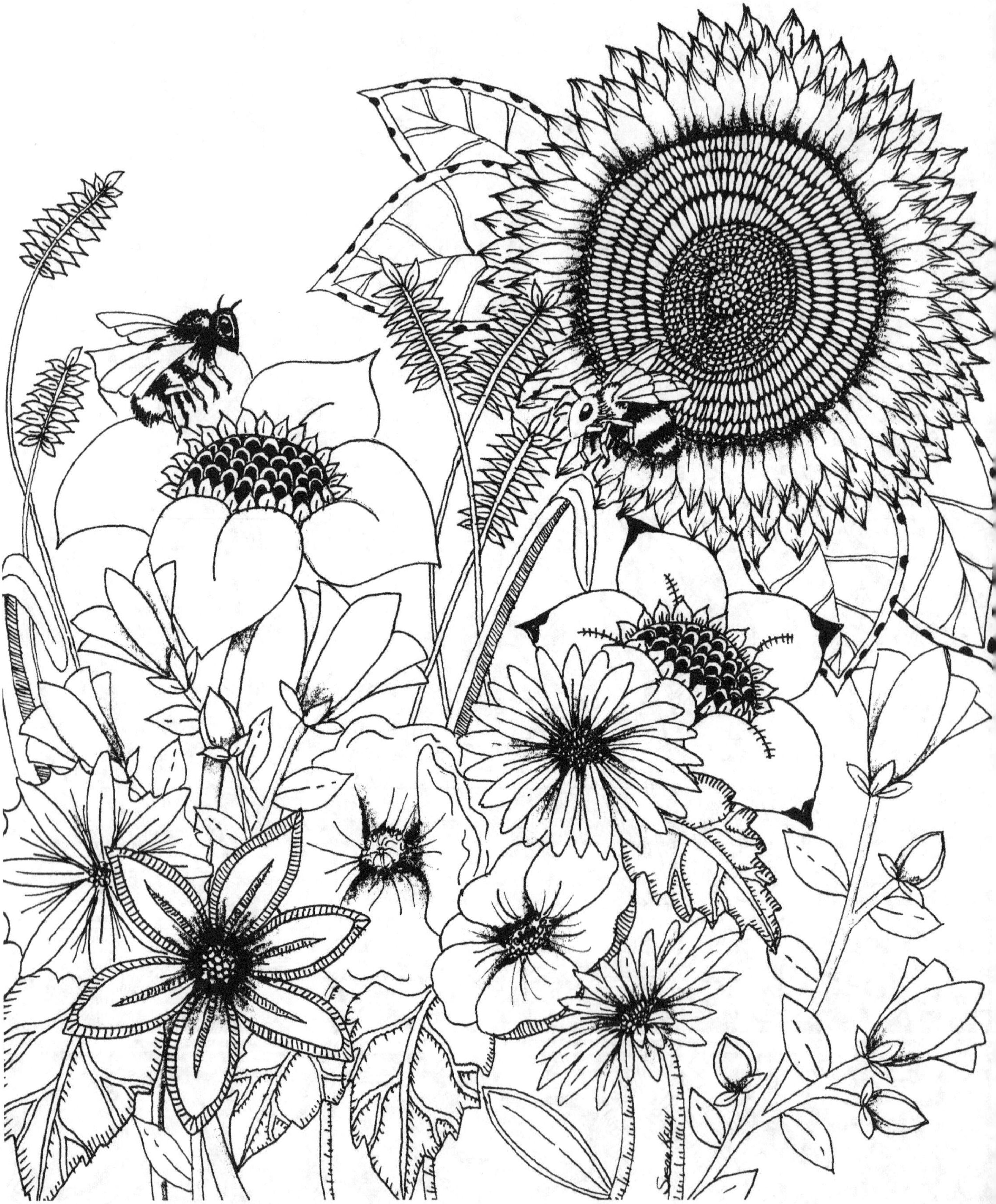

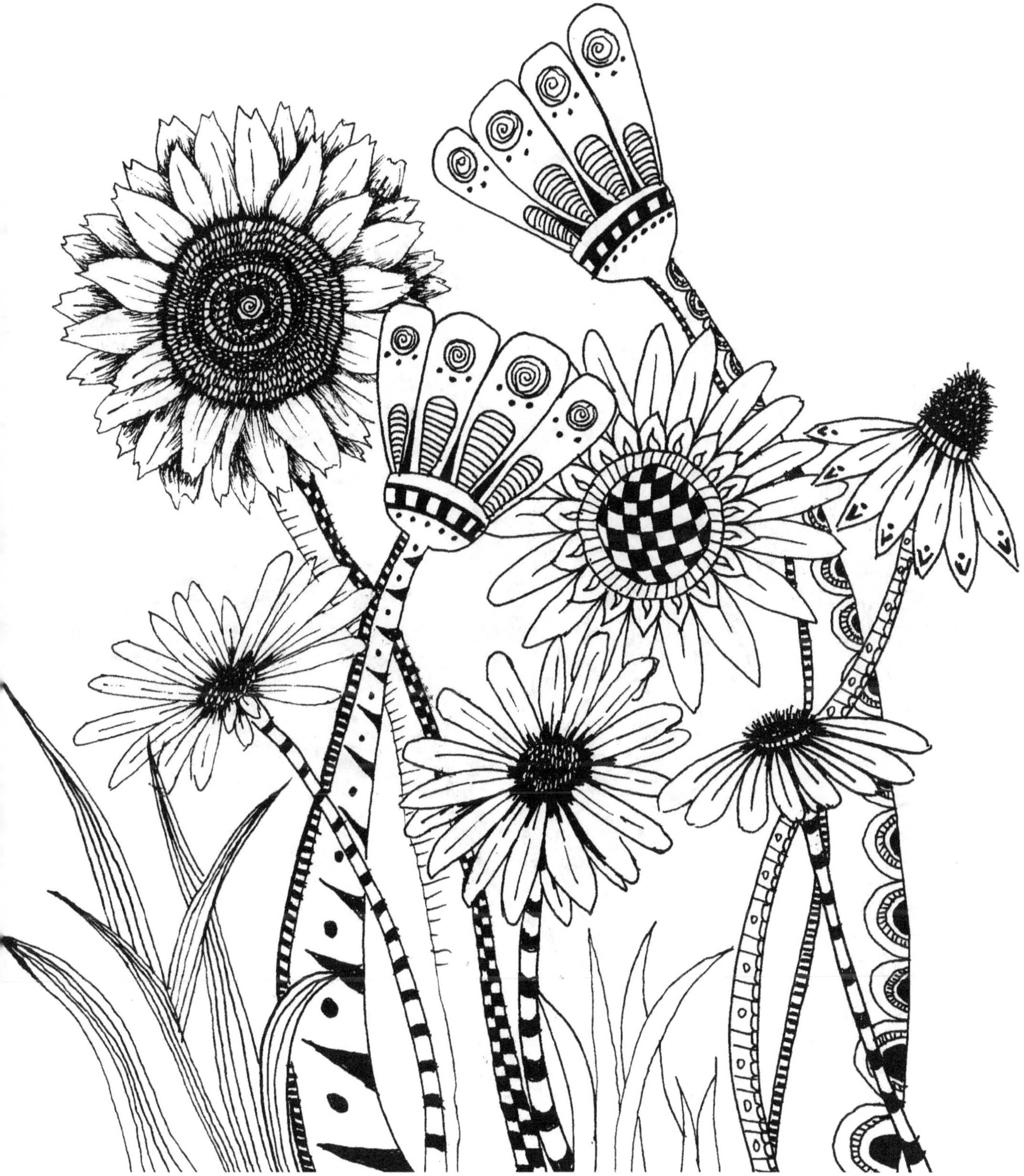

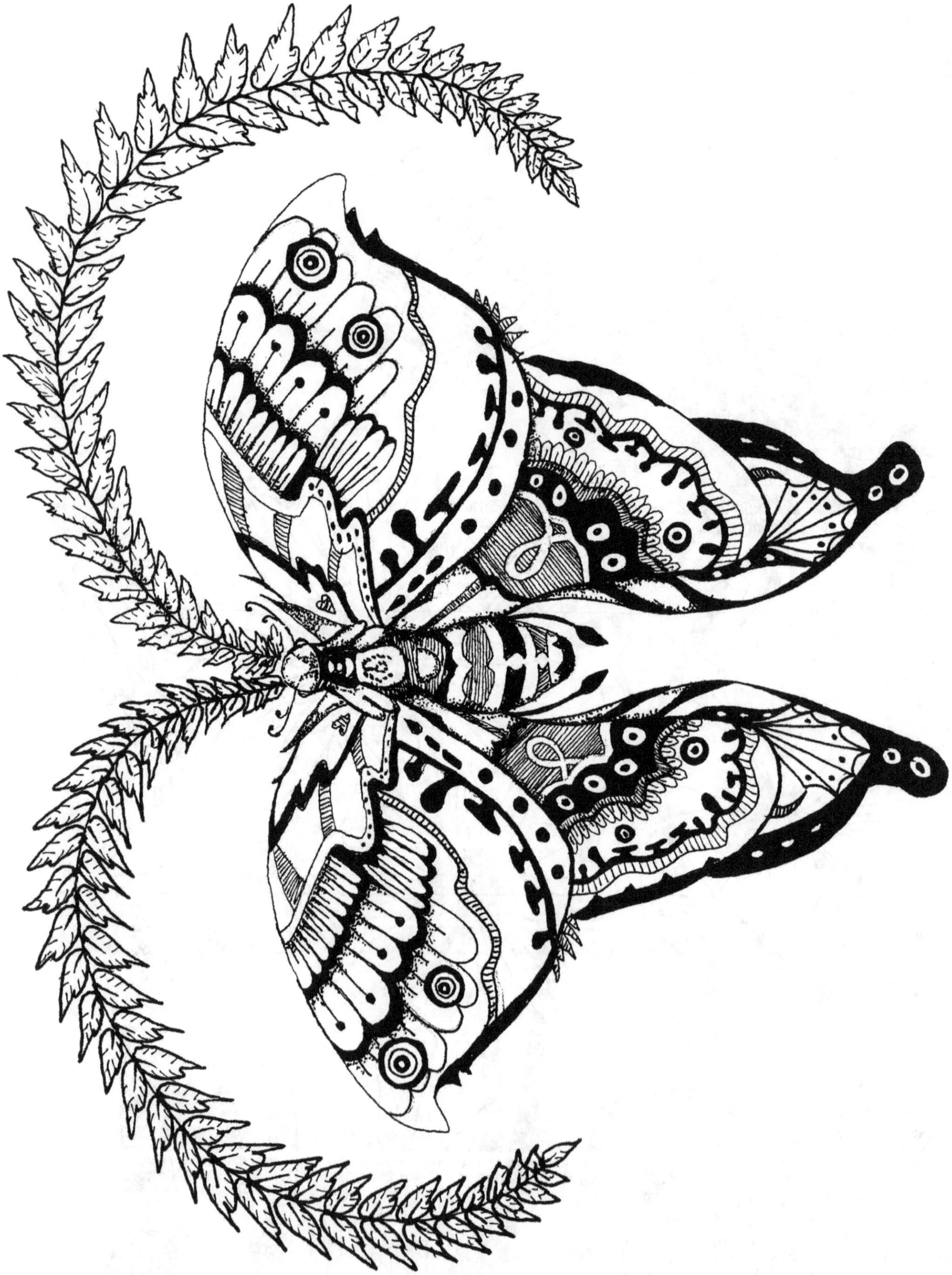

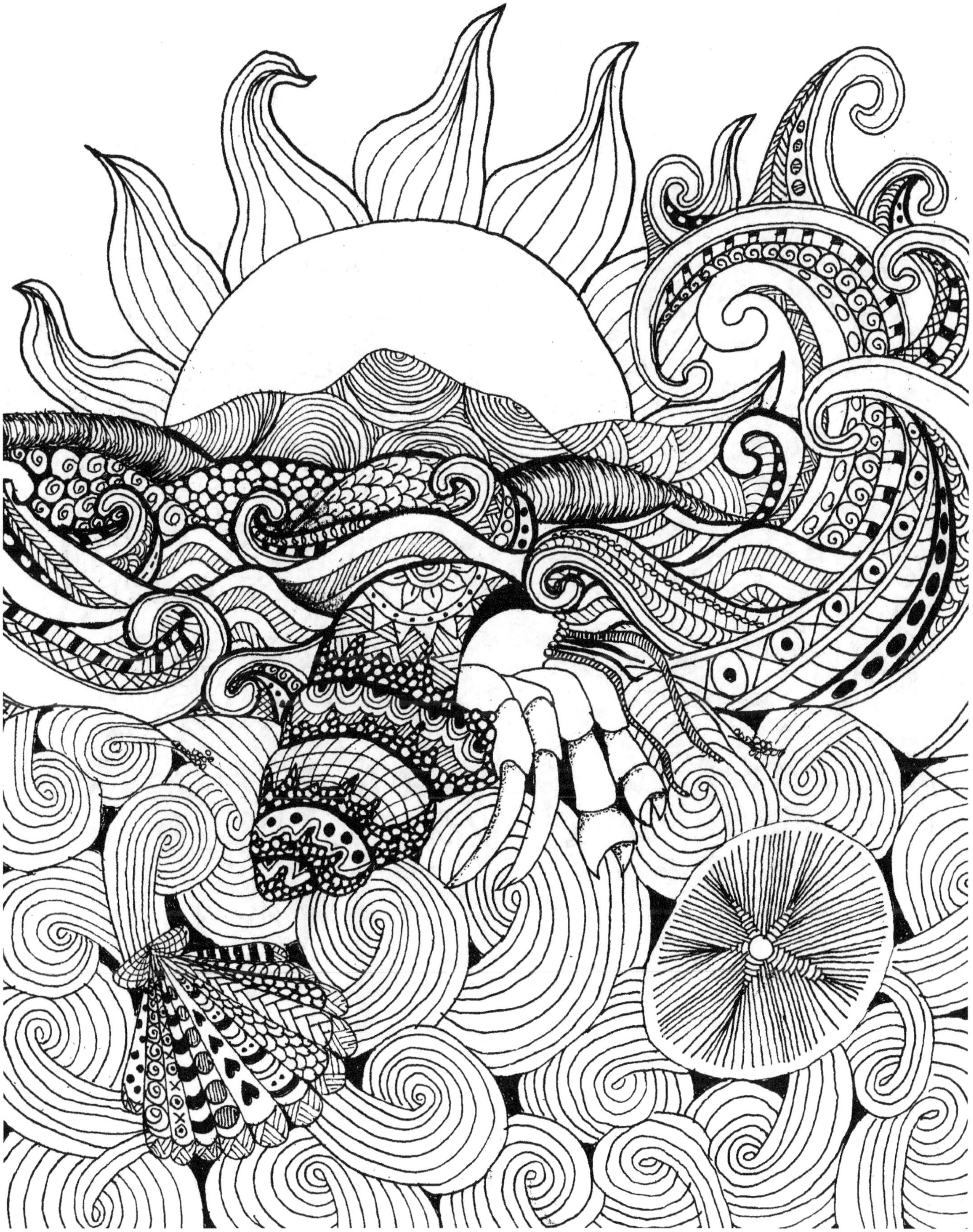

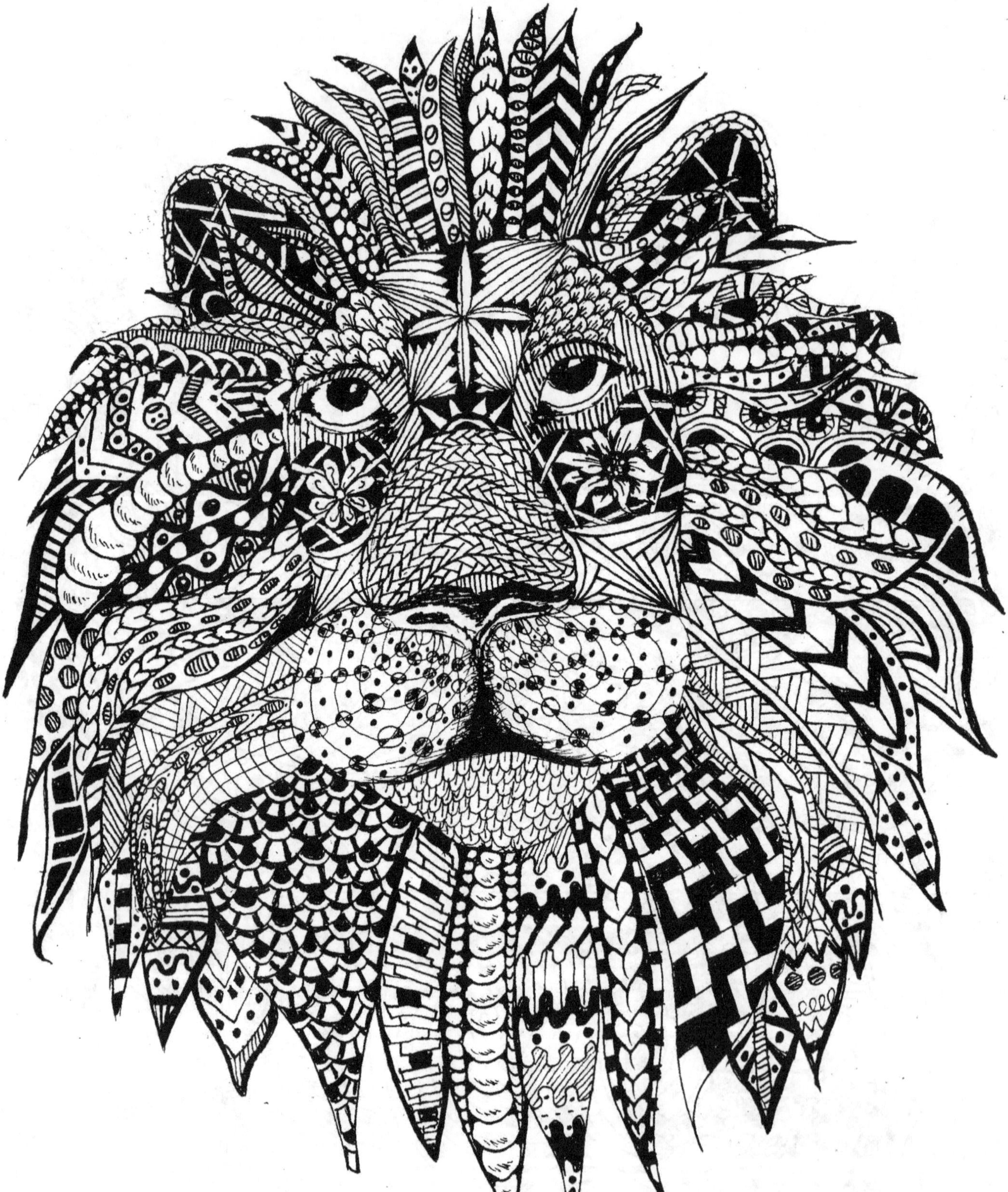

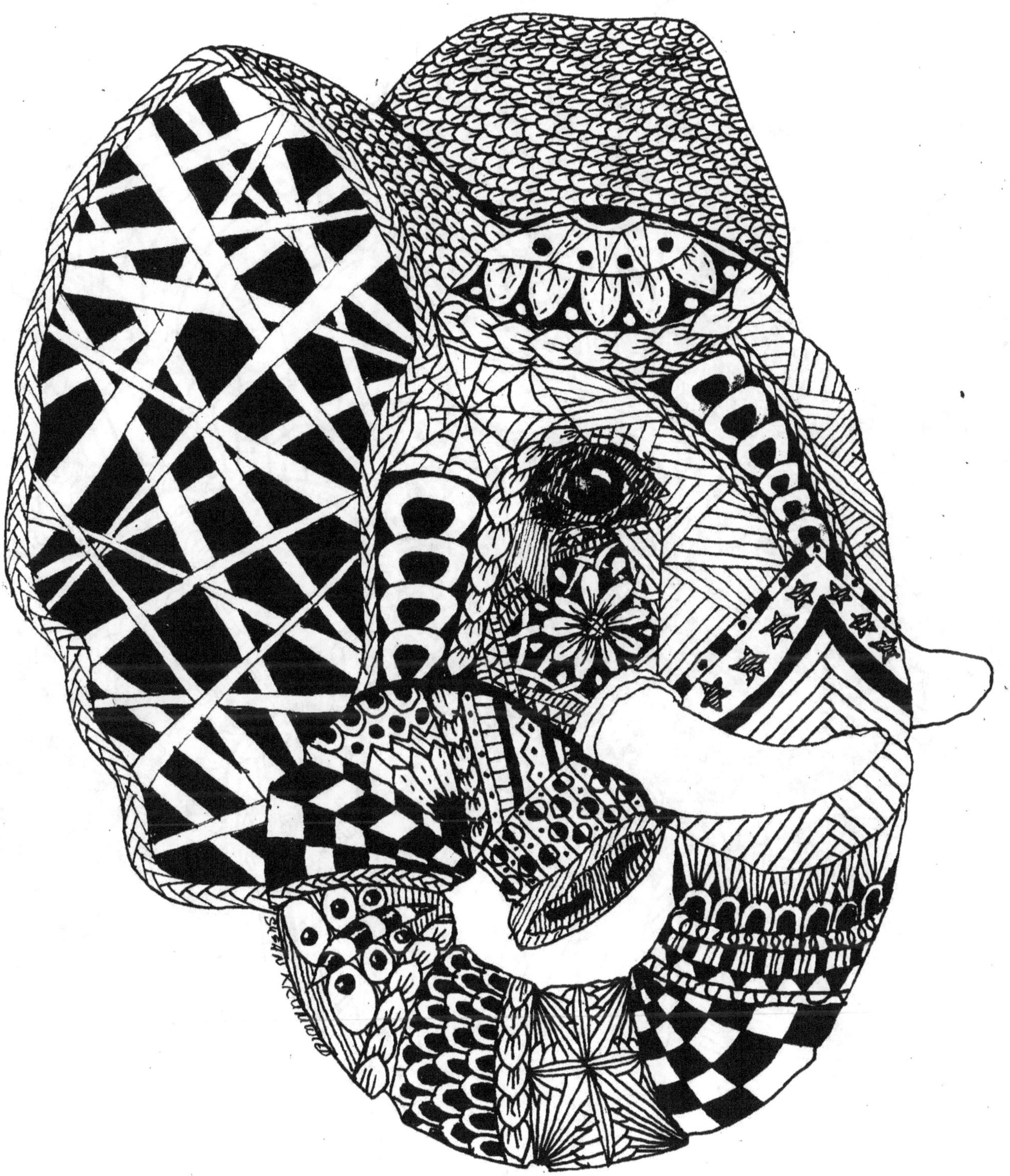

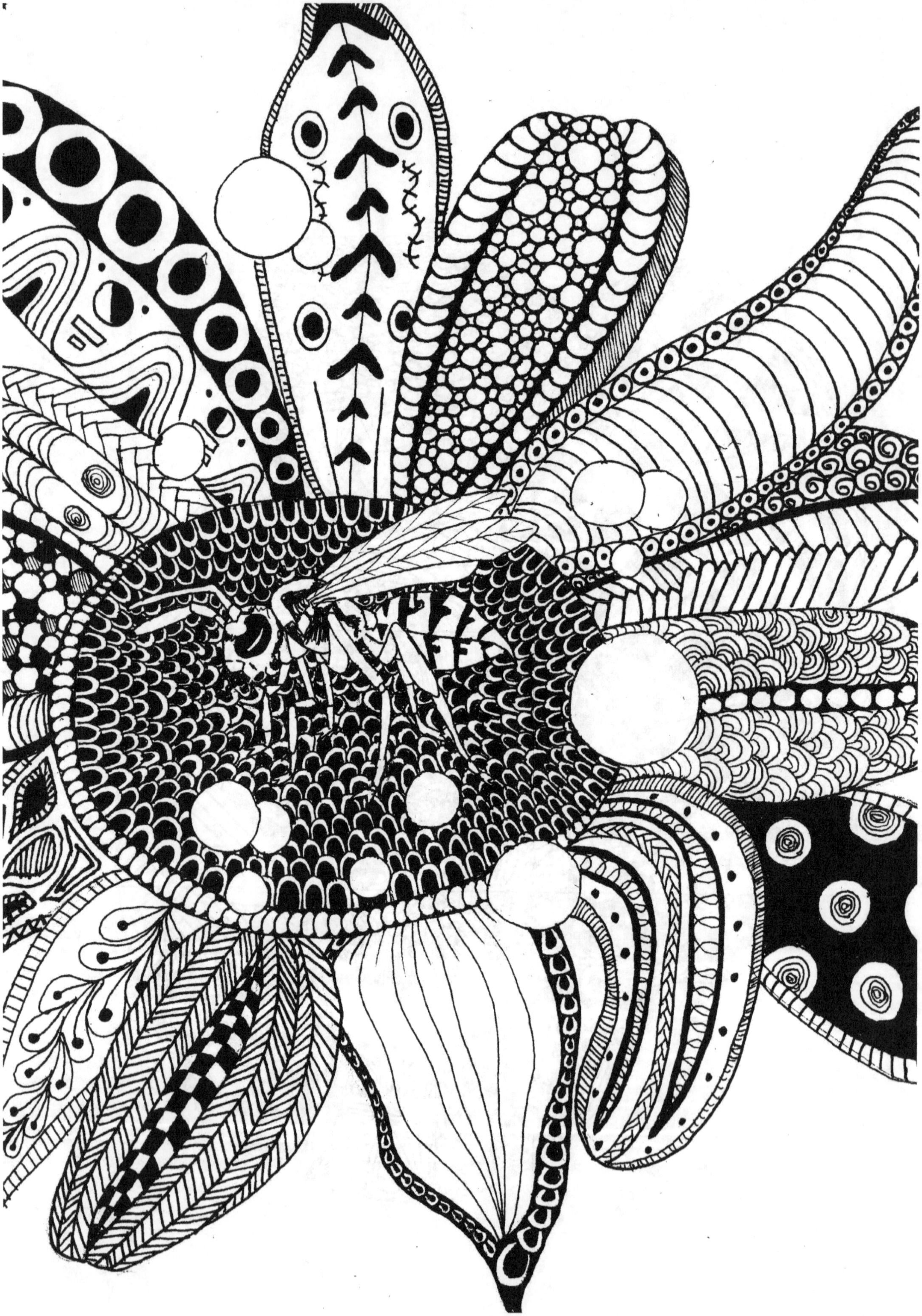

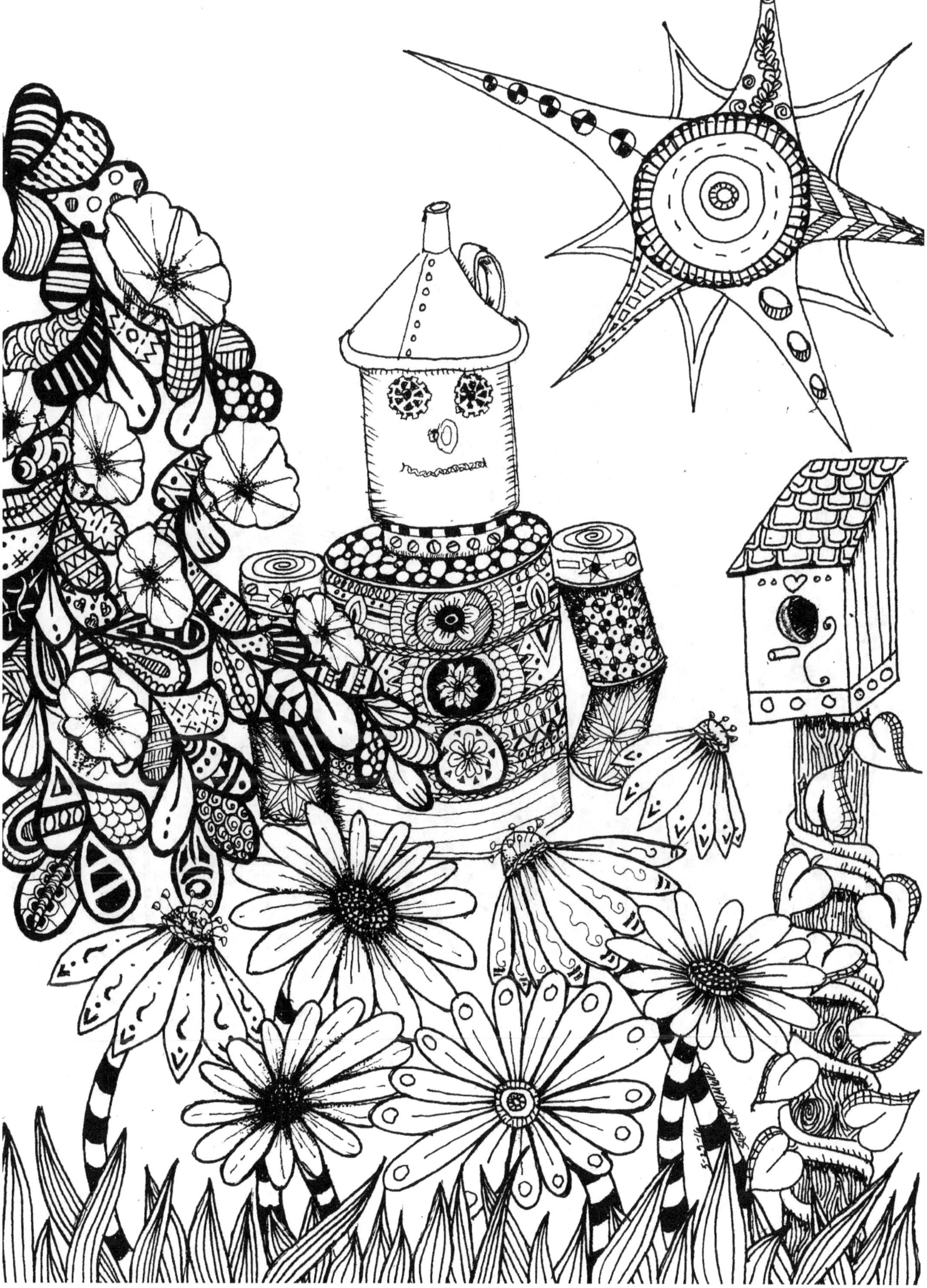

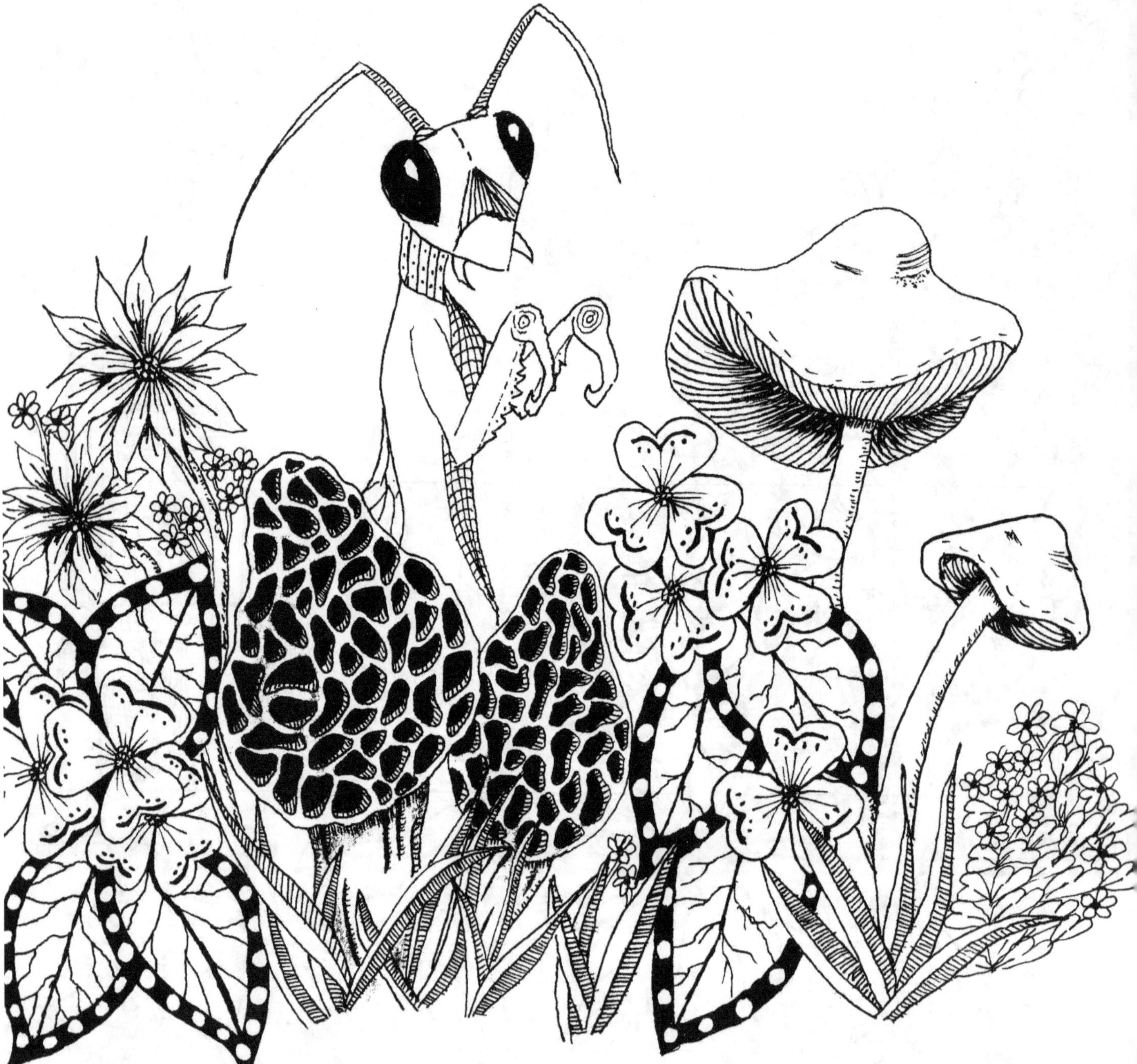

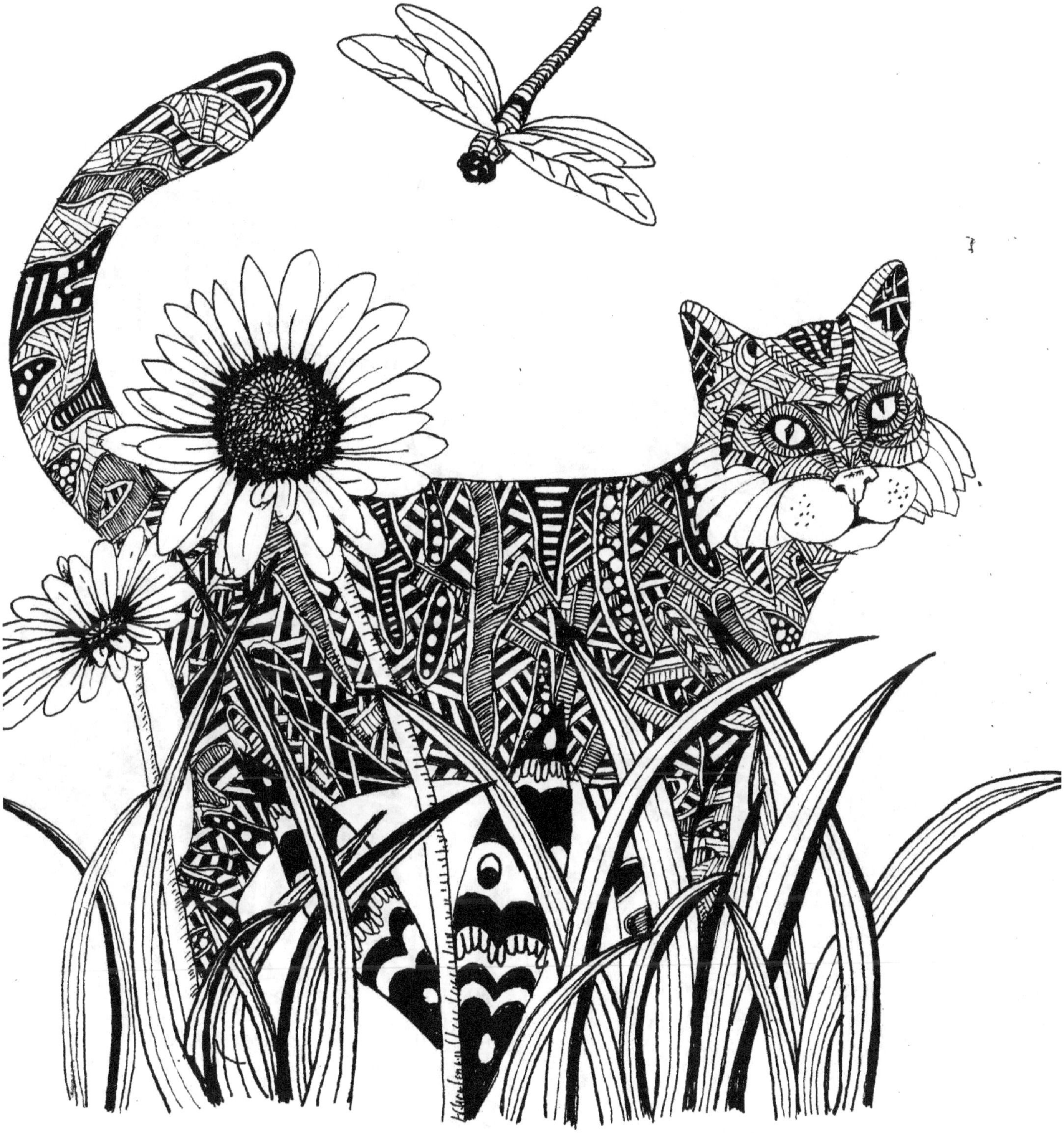

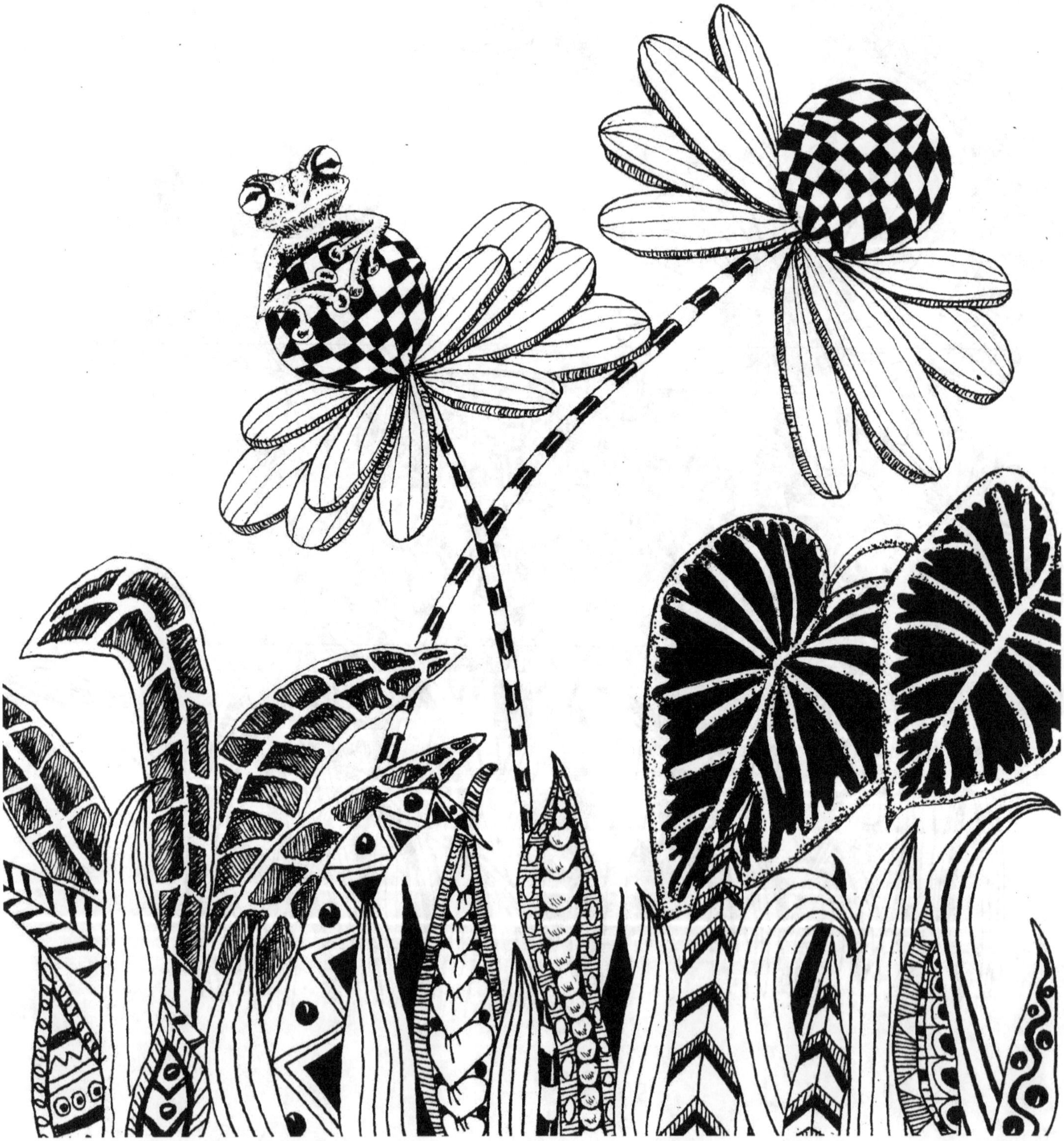

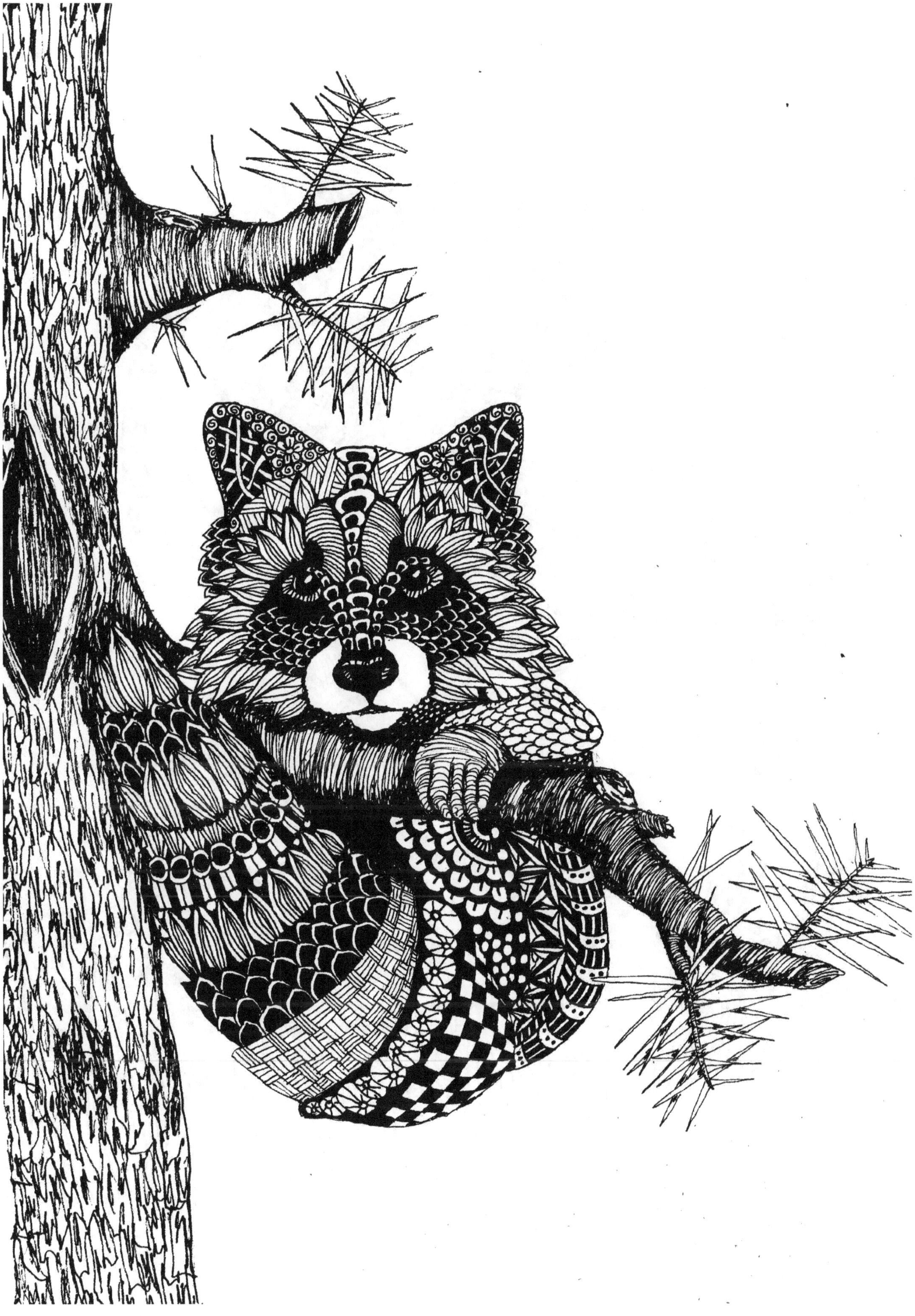

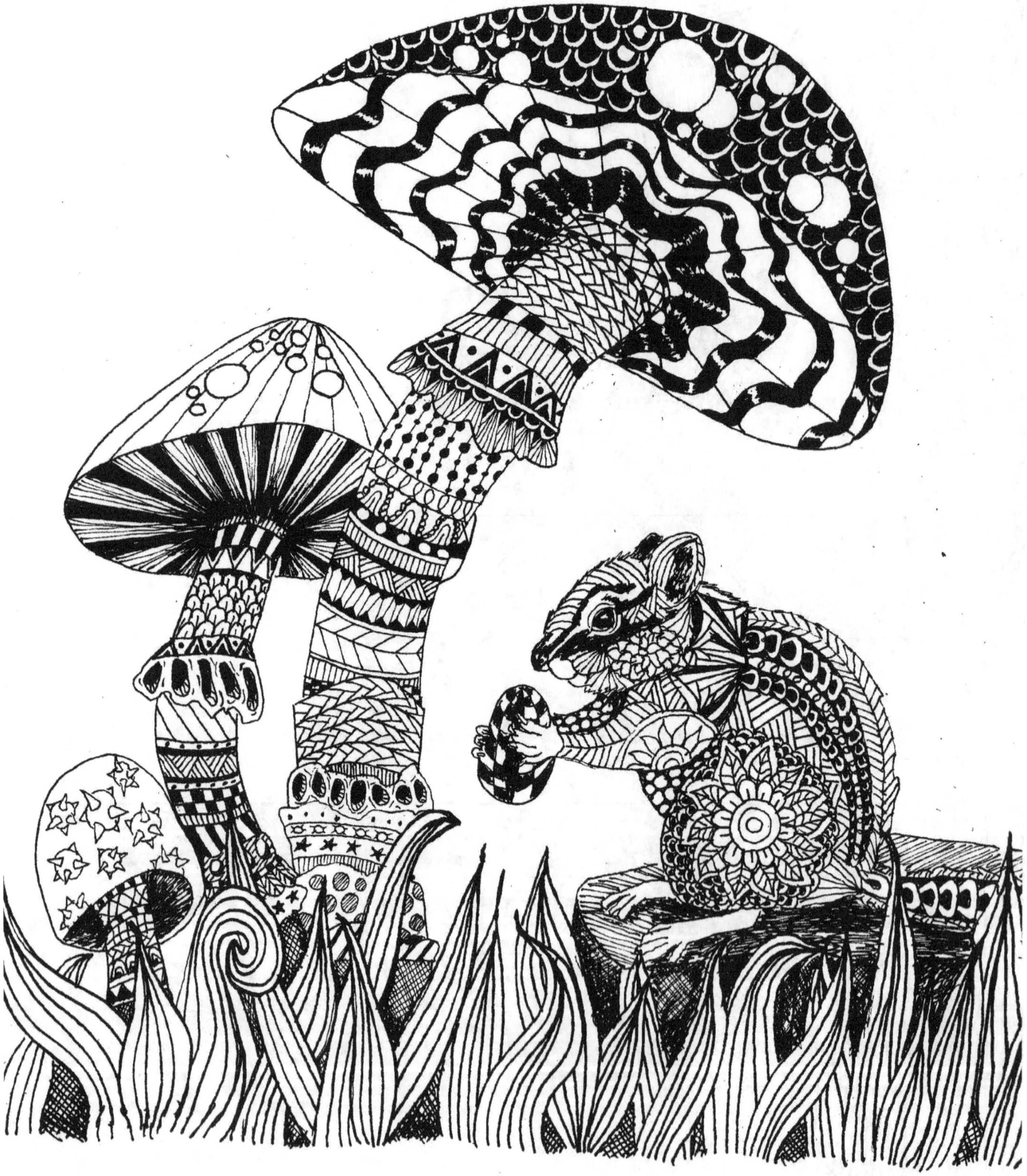

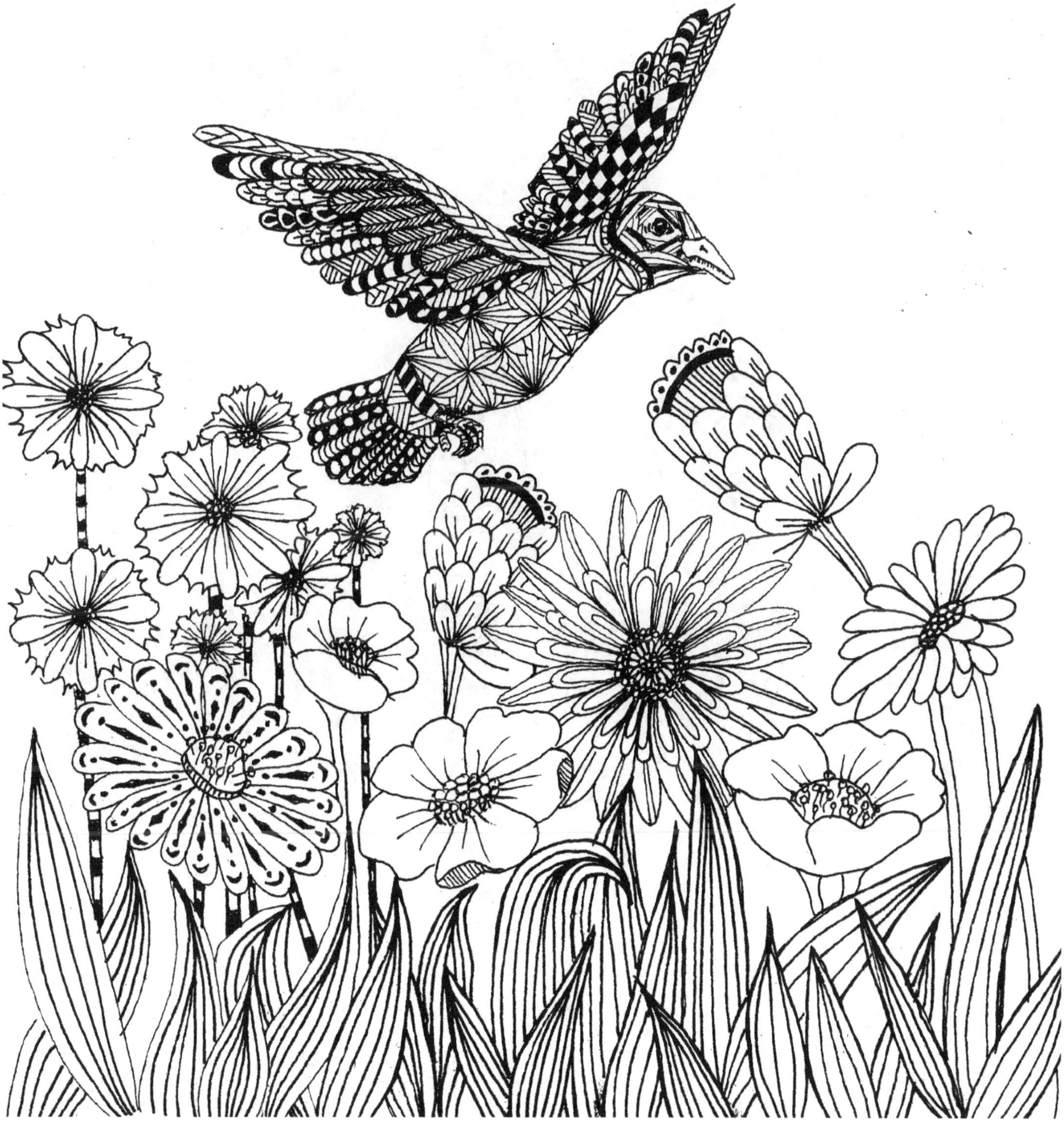

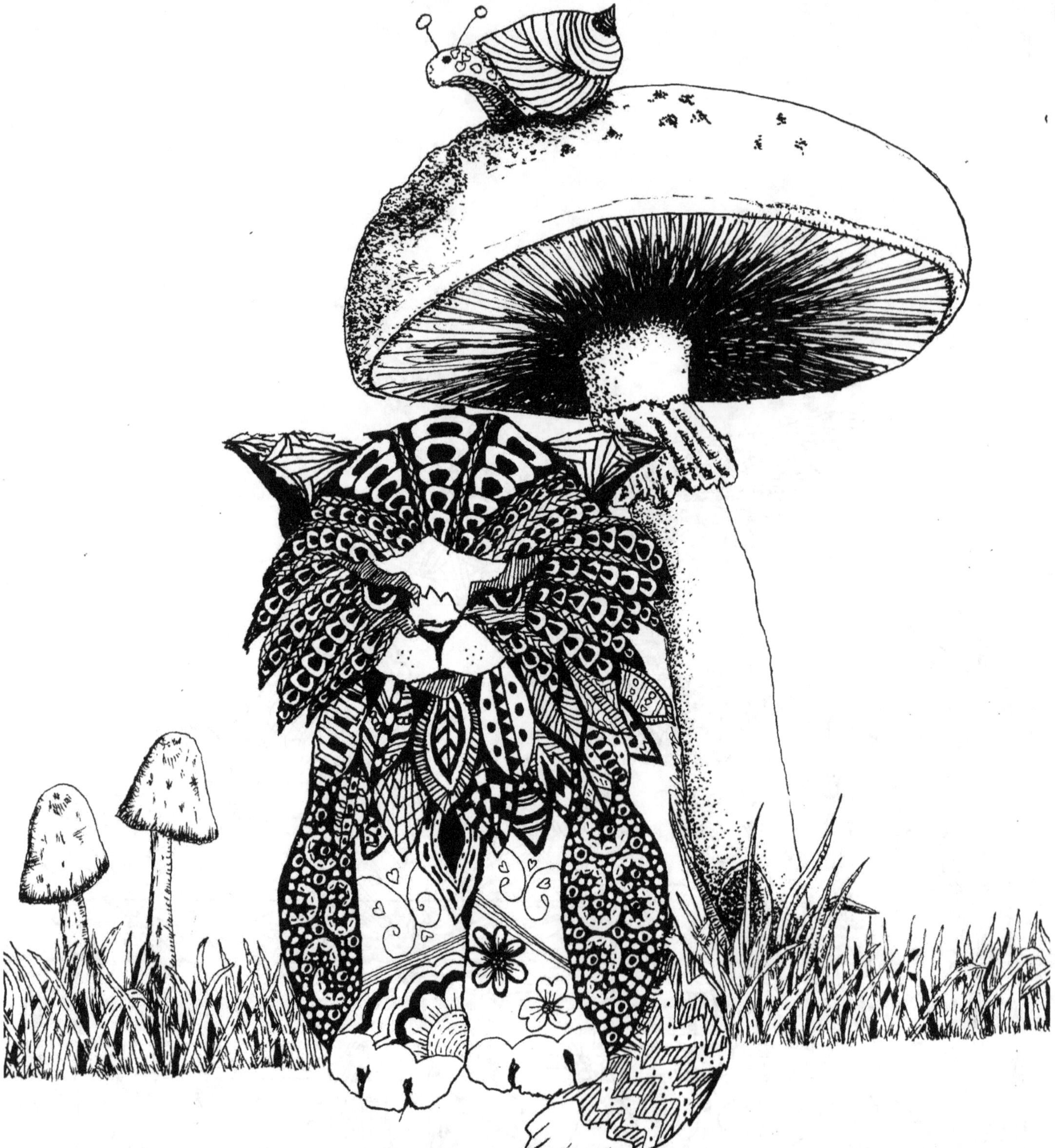

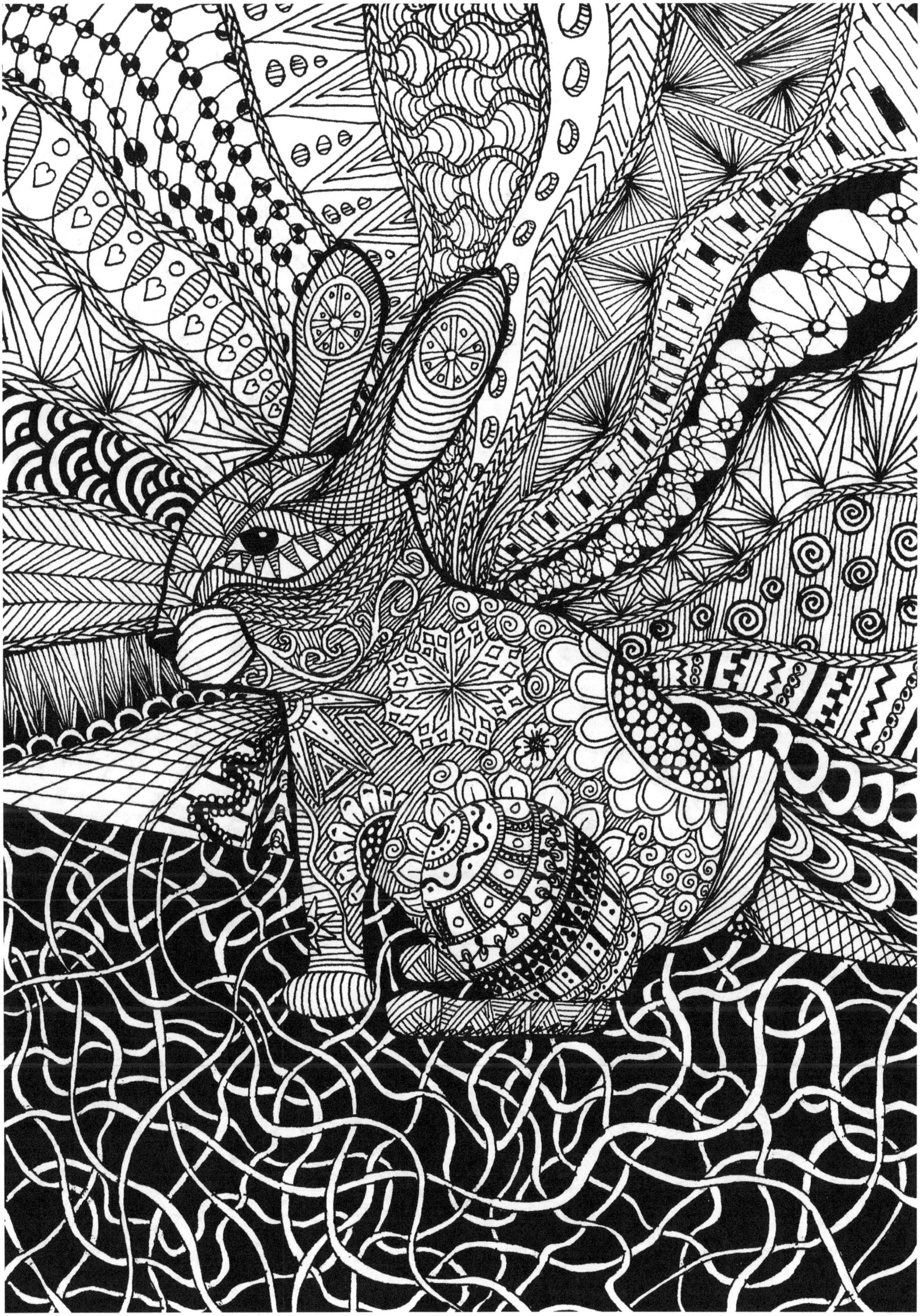

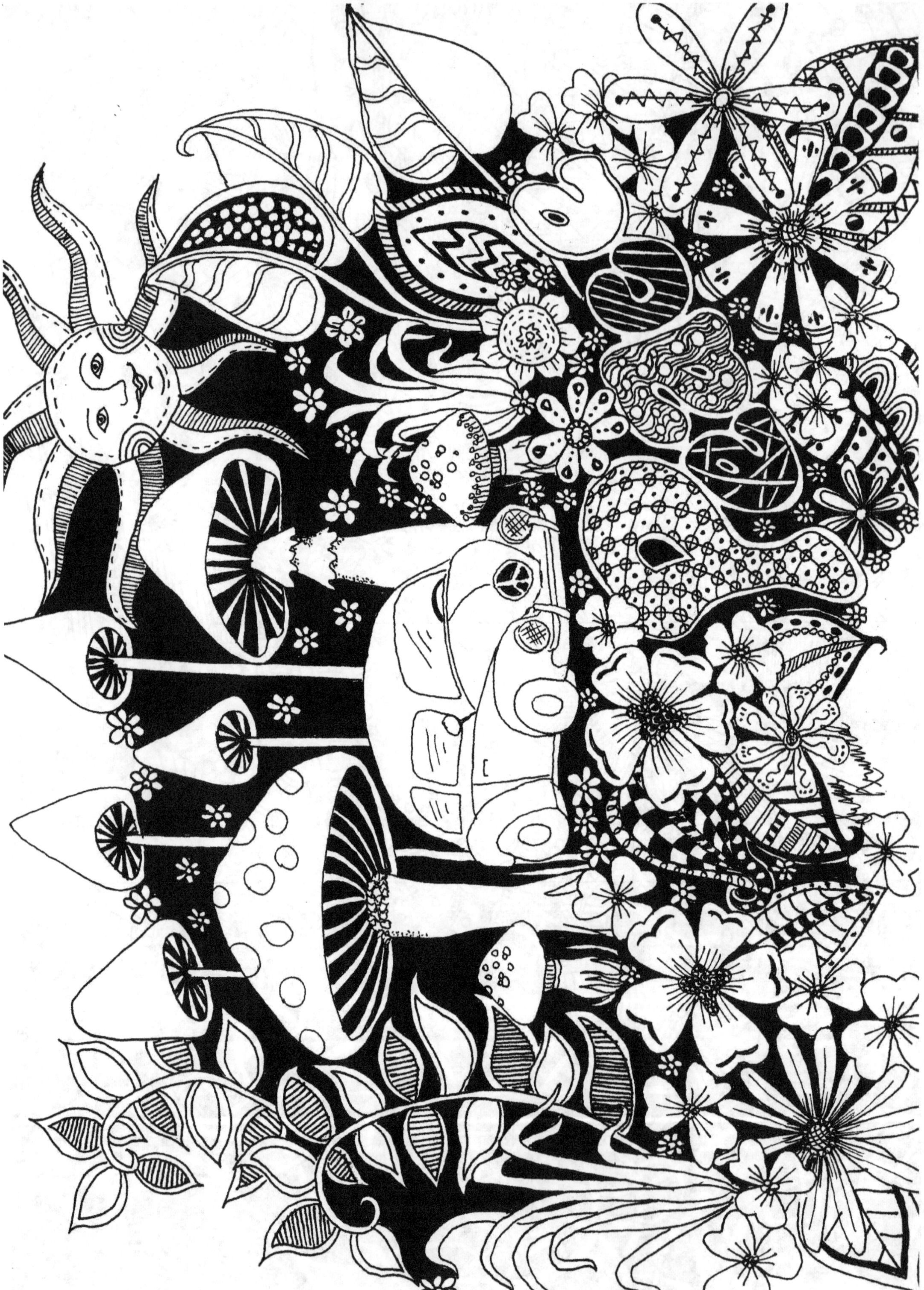

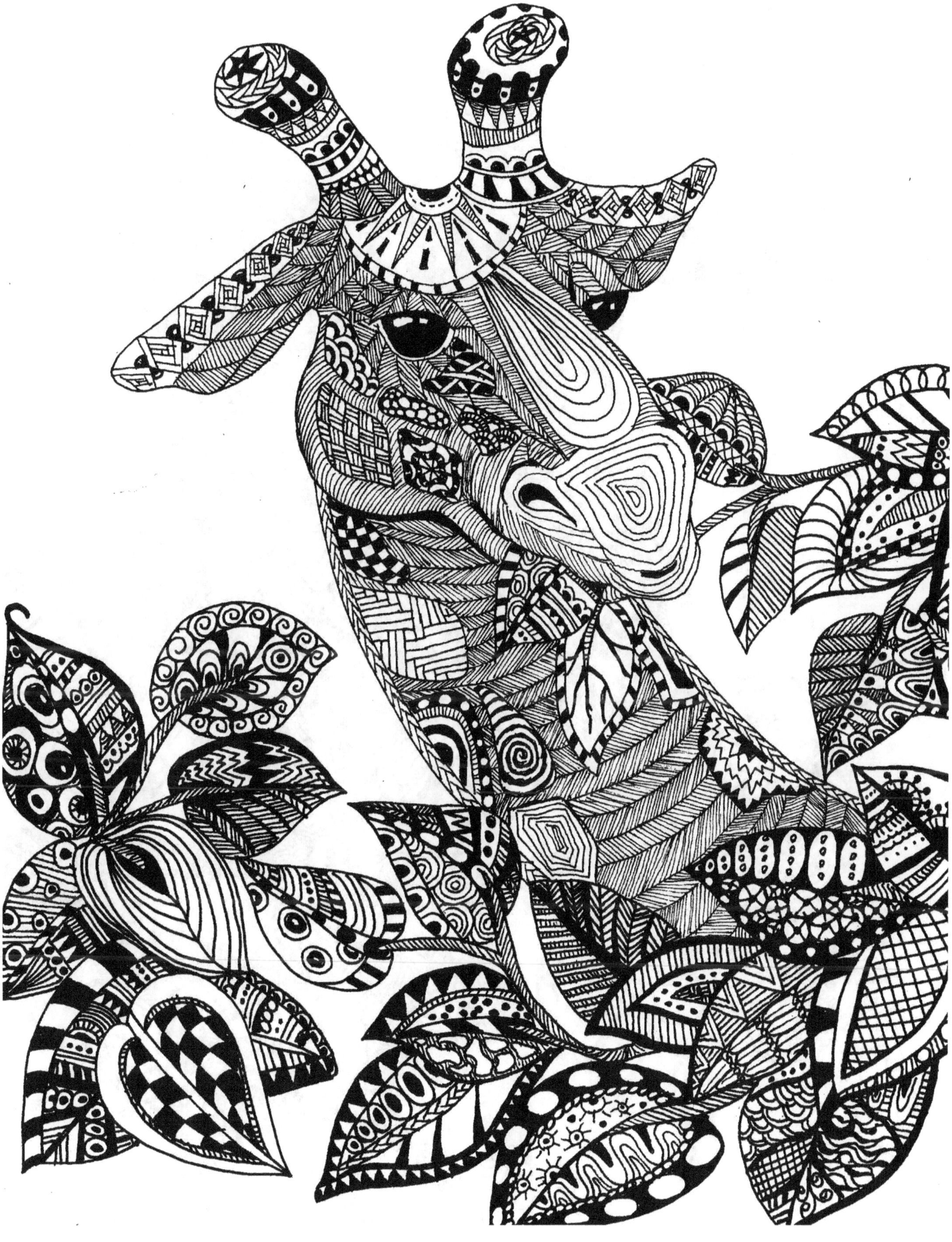

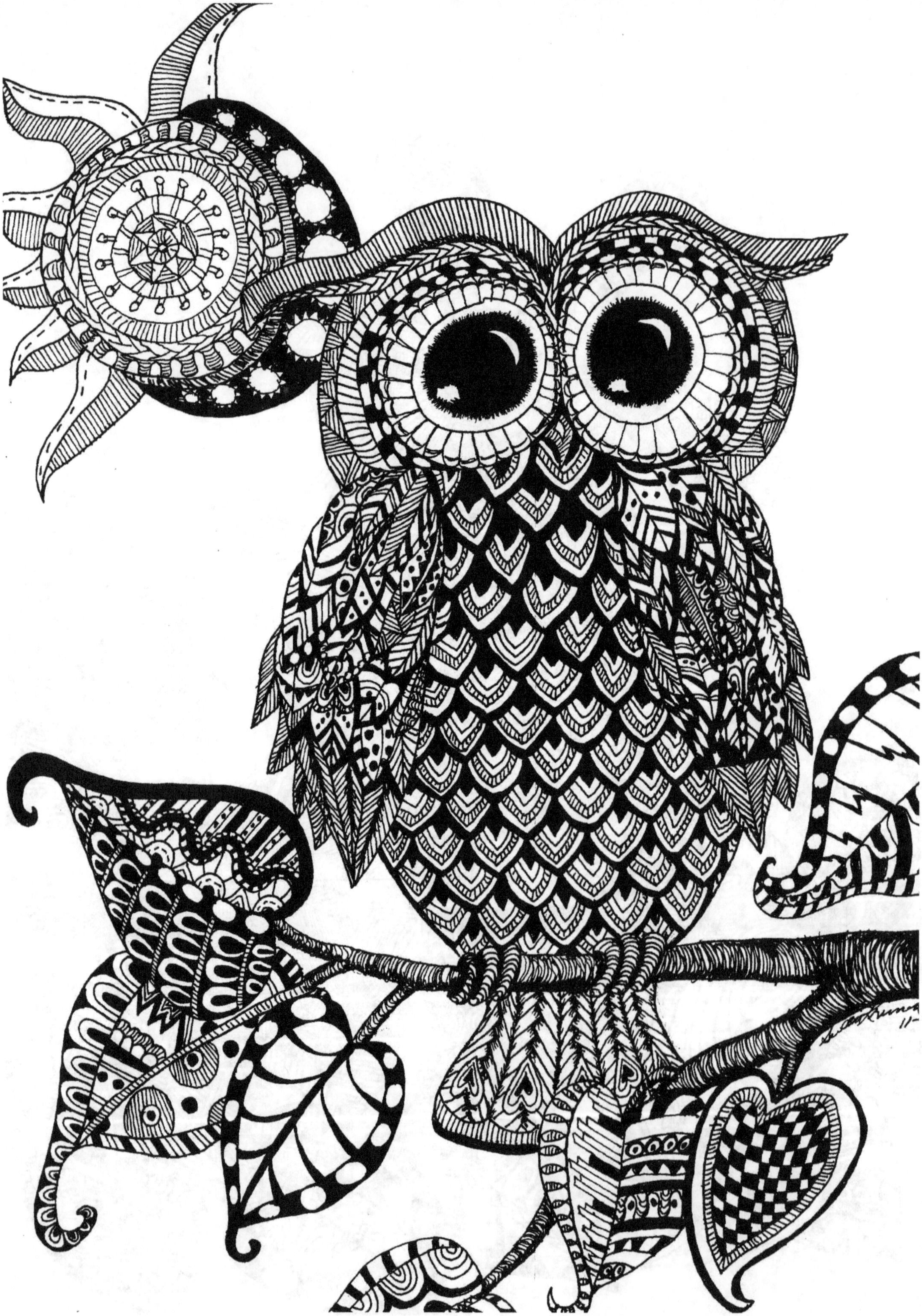

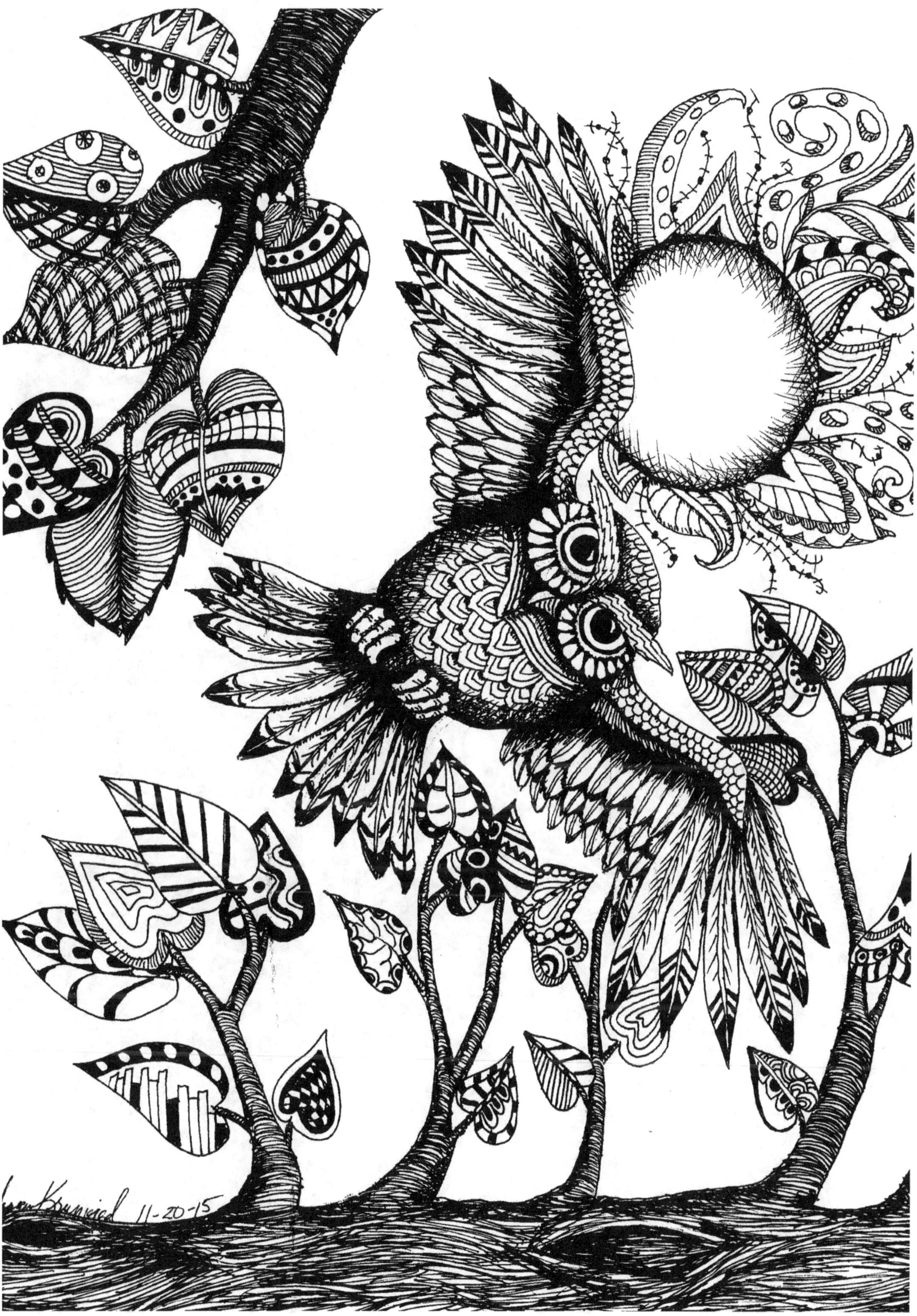
11-20-15

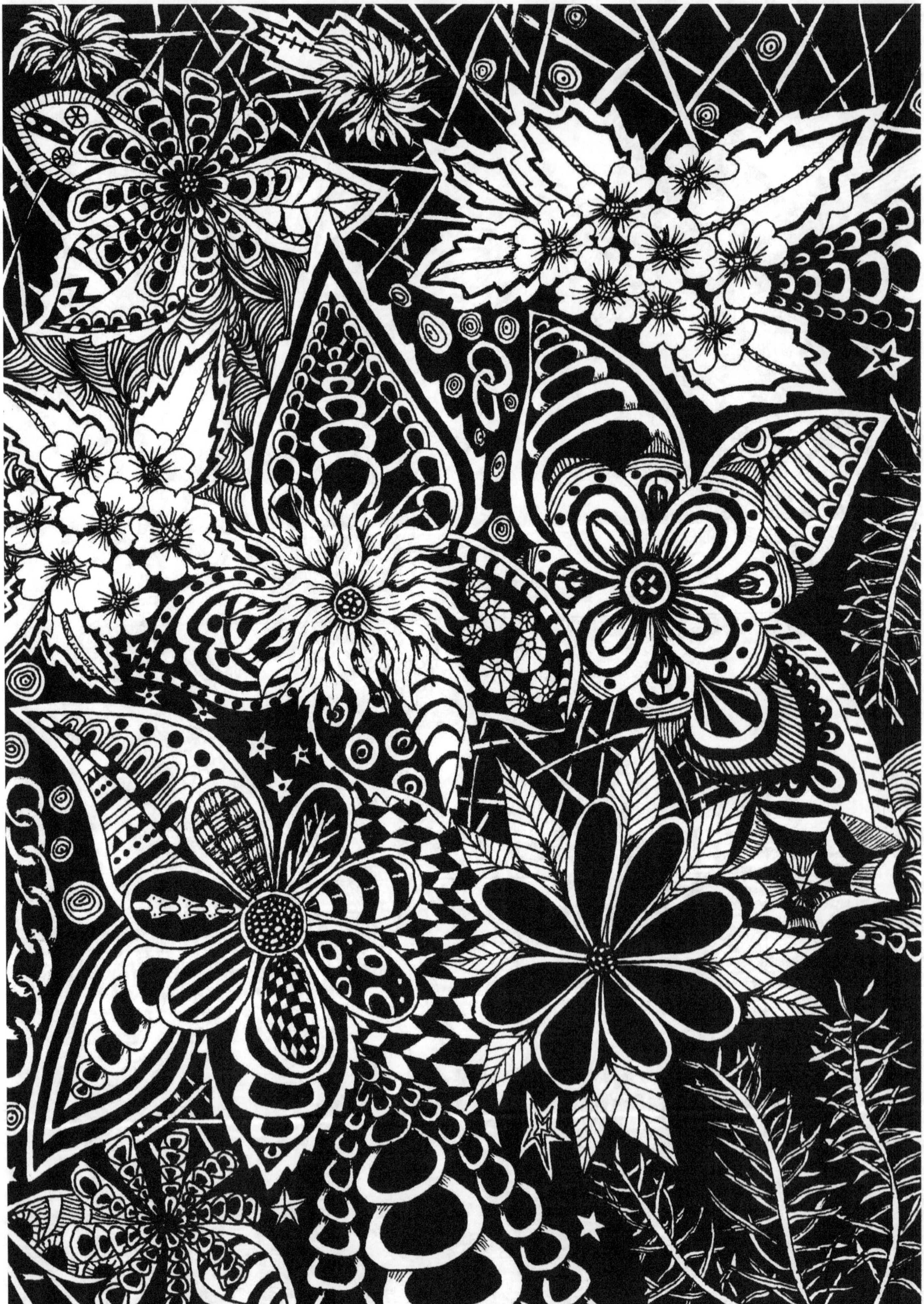

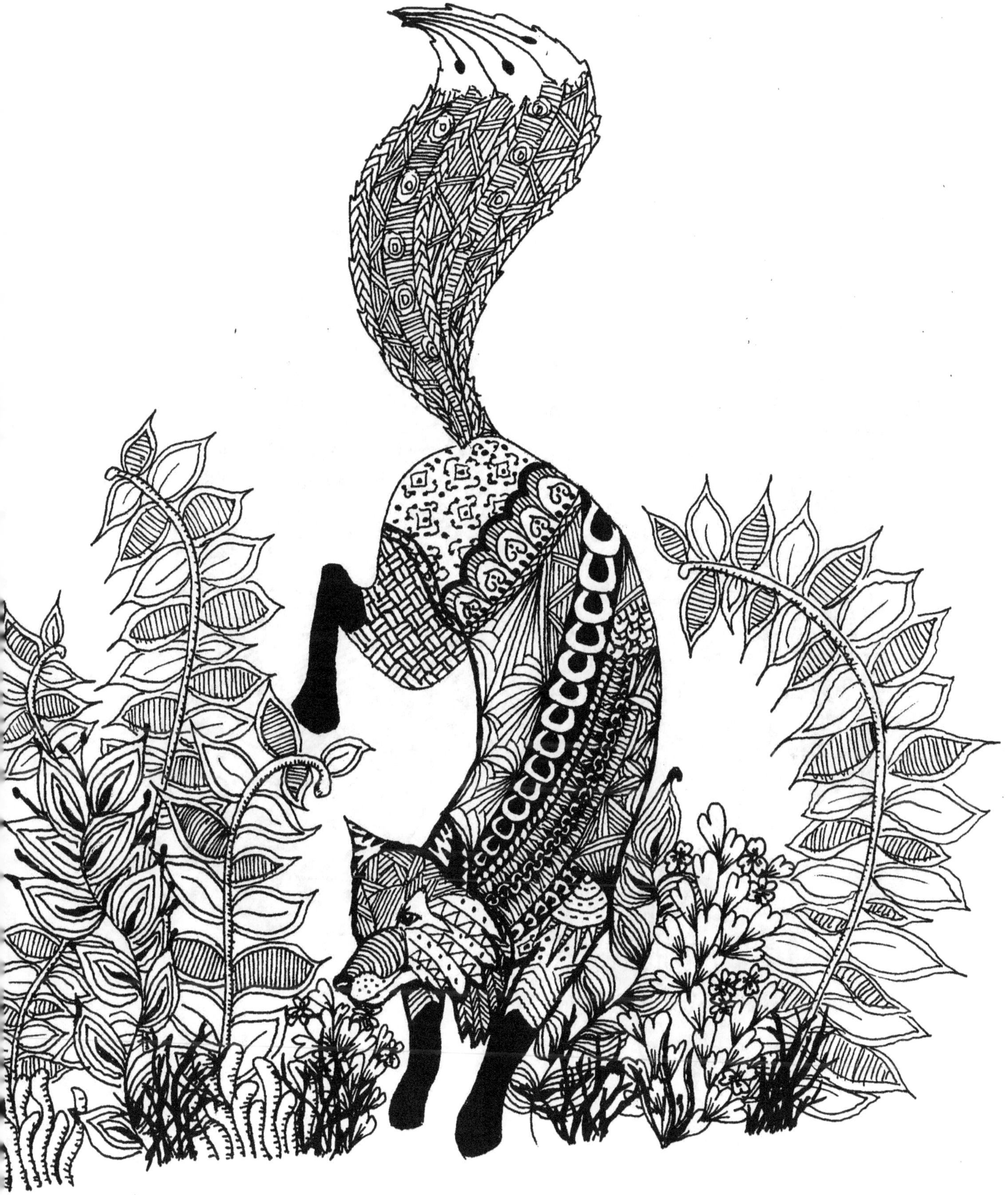

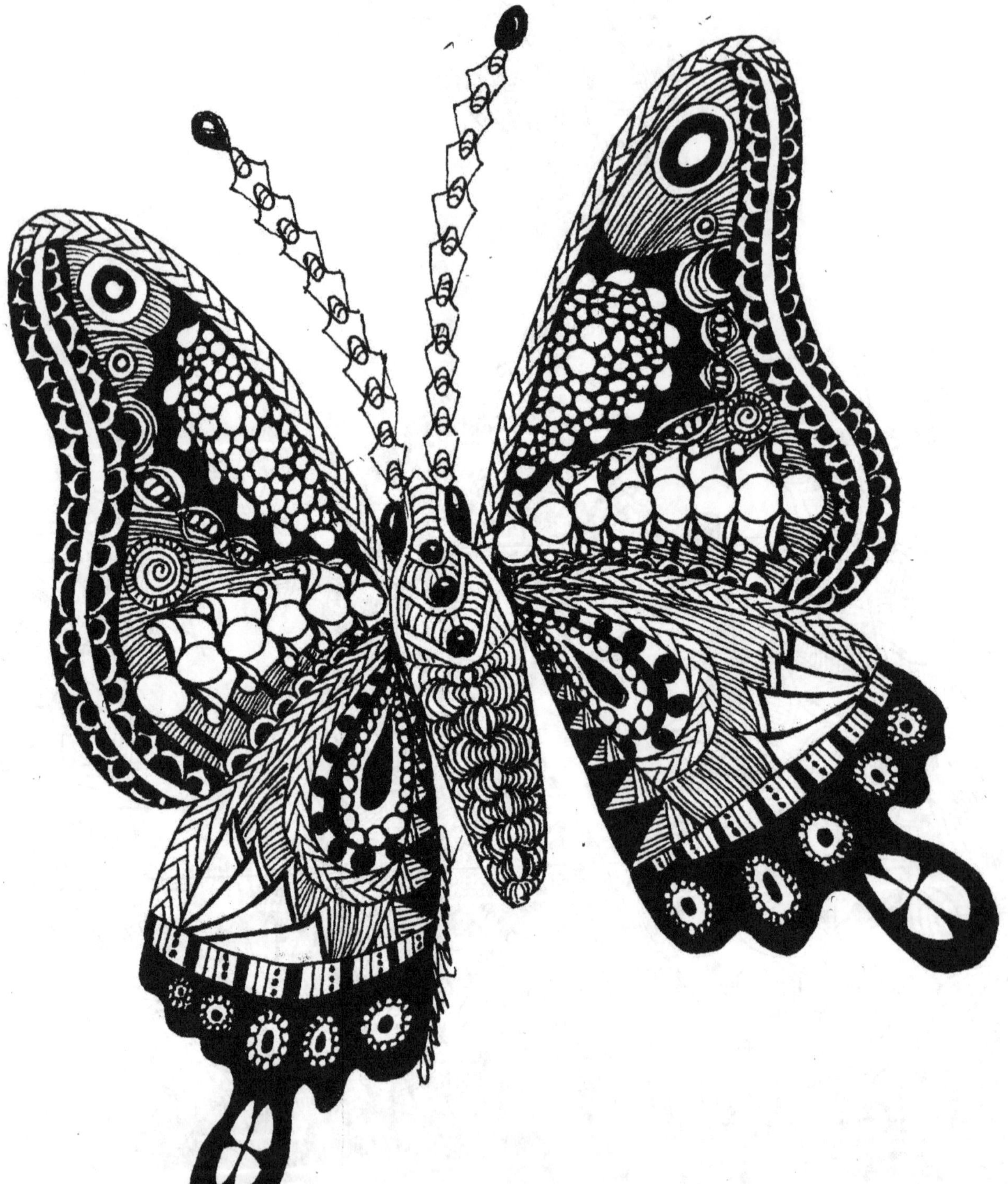

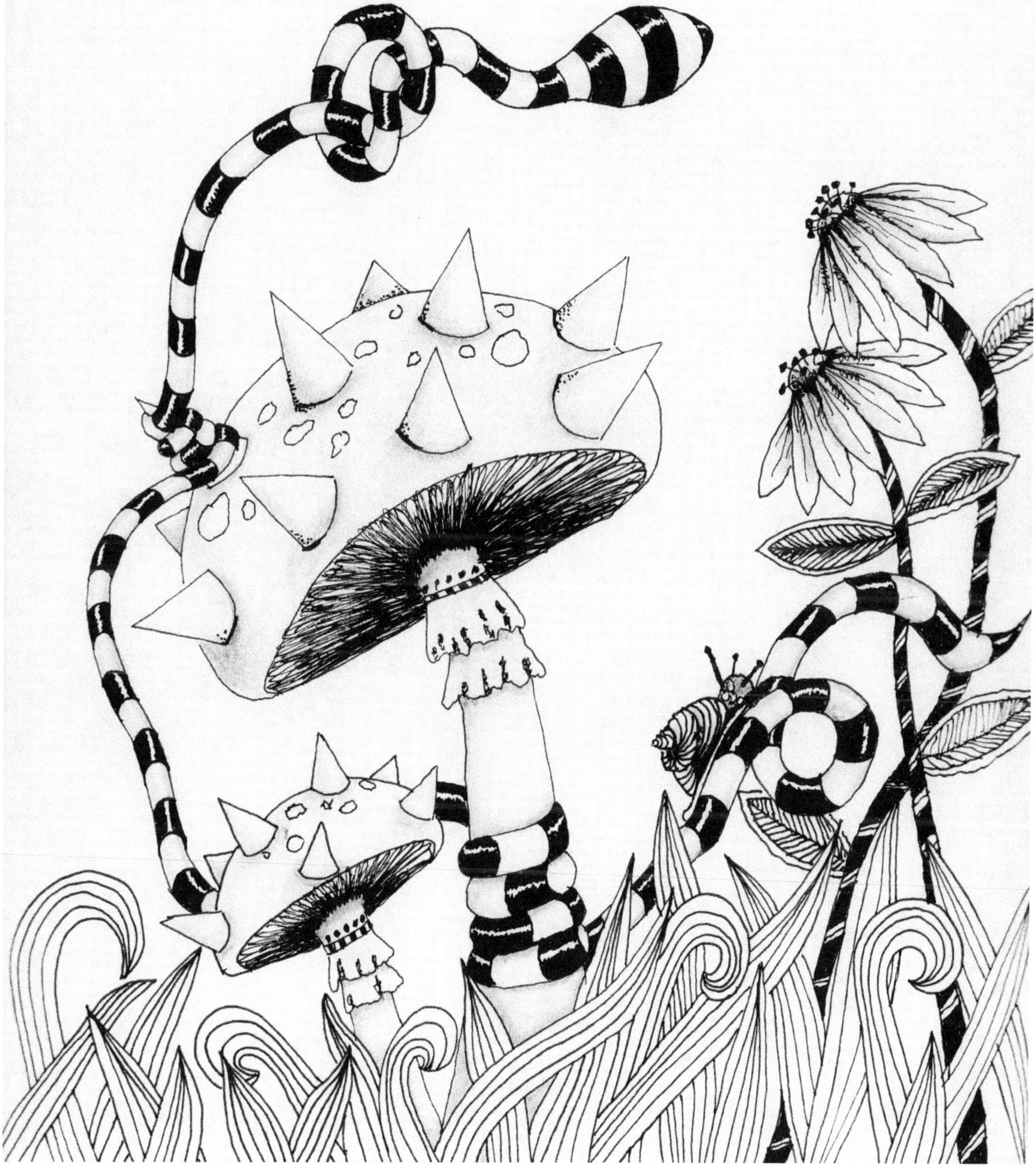

www.ingramcontent.com/pod-product-compliance
Lightning Source LLC
Chambersburg PA
CBHW080534190526
45169CB00008B/3164
* 9 7 8 1 5 3 6 9 7 6 1 6 8 *